Kim Marc Alexander Weßeling

Lernvorschläge für die Unterrichtungen und die Sachkundeprüfung Im Bewachungsgewerbe gem. §34a GewO VIII - Praxishilfen

Band 8

Englisch für Sicherheitsfachkräfte für Anfänger

Kim Marc Alexander Weßeling

Lernvorschläge für die

Unterrichtungen und die Sachkundeprüfung

Im Bewachungsgewerbe gem. §34a GewO

VIII - Praxishilfen

Band 8

Englisch für Sicherheitsfachkräfte für Anfänger

Bibliografische Information Der Deutschen Bibliothek:
Die Deutsche Bibliothek verzeichnet diese Publikation in der Deutschen Nationalbibliografie; detaillierte bibliografische Daten sind im Internet über: <http://dnb.ddb.de> abrufbar.

Herstellung und Verlag: Books on Demand GmbH, Norderstedt
Umschlagfoto: PixelQuelle.de
ISBN: 9783837075984

http://kmawesseling.2page.de

Vorwort

In der heutigen Zeit ist es für jeden Sicherheitsmitarbeiter wichtig, über gewisse Grundkenntnisse der englischen Sprache zu verfügen.

Es kommen viele Touristen und Besucher aus anderen Ländern zu Veranstaltungen jeglicher Art.

Daher sollte man zumindest über einen kleinen Grundwortschatz verfügen und in der Lage sein, jemanden korrekt zu begrüßen und einfache Fragen nach dem Weg zum WC oder anderen Orten beantworten zu können oder einfache Anweisungen geben zu können.

Da die Kurse üblicherweise sehr viele verschiedene Charaktere mit sehr unterschiedlichen Bildungshistorien beinhalten, muss dieser Abschnitt auf Anfänger ausgerichtet sein, die noch nie mit der englischen Sprach in Kontakt gekommen sind.

Diese Buch über Englisch für Sicherheitsfachkräfte bewegt sich auf einem absoluten Anfängerniveau und soll nur absolut essentielle Grundkenntnisse für die tägliche Arbeit vermitteln.

Aussprache

Die englische Aussprache ist schon anders als im Deutschen.

Daher muss man zuerst damit beginnen, die Aussprache der einzelnen Buchstaben und die Besonderheiten bei der Aussprache bei Wortzusammensetzungen zu lernen.

Grundsätzlich handelt es sich bei dieser Stufe größtenteils um Lernen durch auswendig Lernen und üben und gebrauchen von Wörtern und Phrasen.

Nachfolgend finden sich einige Tabellen mit Hilfen zur Aussprache.

Anschließend folgen dann einige Kapitel zu bestimmten Themengebieten, damit Sie Jemanden begrüßen, Fragen verstehen und ein Mindestmaß an Hilfe leisten können.

Buchstaben

Buchstabe	Aussprache	Beispielwort
A	eɪː	angle
B	biː	bottle
C	siː	city
D	diː	direction
E	iː	enter
F	ef	four
G	dʒiː	garden
H	eɪtʃ	hotel
I	aɪ	information
J	dʒeɪ	July
K	keɪ	key
L	el	landline
M	em	mall
N	en	next

O	əʊ	opera
P	piː	parking lot
Q	kjuː	queue
R	ɑː	road
S	es	street
T	tiː	town hall
U	juː	uniform
V	viː	vineyard
W	ˈdʌbljuː	wait
X	eks	x-crossing
Y	waɪ	yard
Z	zed	Zoo

Die englischen Laute in der Internationalen Lautschrift

Vokale

ʌ	much [mʌtʃ], come [kʌm]	kurzes *a* wie in *Matsch, Stamm*
ɑː	after [ɑːftə], park [pɑːk]	langes *a*, etwa wie in *Zahn*
æ	flat [flæt], madam [mædəm]	mehr zum *a* hin als *ä* in *Wäsche*
ə	after [aftə], arrival [əraivl]	wie das End-*e* in *Kanne*, *hätte*, *Mitte*
e	let [let], men [men]	*ä* wie in *hätte*, *Mäntel*
ɜː	first [fɜːst], learn [lɜːn]	etwa wie *ir* in *flirten*, aber offener
ɪ	in [ɪn], city [sɪtɪ]	kurzes *i* wie in *bitte*, *Tisch*
iː	see [si], evening [ivnɪŋ]	langes *i* wie in *Knie*, *lieben*

ɒ	shop [ʃɒp], job [dʒɒb]	wie *o* in *Gott*, aber offener
ɔː	morning [mɔːnɪŋ], course [kɔːs]	wie in *Mord*, aber ohne *r*
ʊ	good [gʊd], look [lʊk]	kurzes *u* wie in *Schluck*, *Butter*
uː	too [tuː], shoot [ʃuːt]	langes *u* wie in *Blut*, aber offener

Vokale, silbig

aɪ	my [maɪ], night [naɪt]	etwa wie *ai* in *Mais*, *Leim*
aʊ	now [naʊ], about [əːbaʊt]	etwa wie *au* in *Auto*, *Haus*
əʊ	home [həʊm], know [nəʊ]	von [ə] zu [ʊ] gleiten
eə	air [eə], square [skweə]	wie *är* in *März*, aber kein *r* sprechen
eɪ	eight [eɪt], stay [steɪ]	klingt wie *äi*
ɪə	near [nɪə], here [hɪə]	von [ɪ] zu [ə] gleiten
ɔɪ	join [dʒɔɪn], choice [tʃɔɪs]	etwa wie *eu* in *Heu*
ʊə	sure [ʃʊə], tour [tʊə]	wie *ur* in *Flur*, aber kein *r* sprechen

Konsonanten

j	yes [jes], tube [tjuːb]	wie *j* in *jung*, *Boje*
w	way [weɪ], one [wʌn]	sehr kurzes *u* – kein deutsches *w!*
ŋ	thing [θɪŋ], English [ˈɪŋglɪʃ]	win *ng* in *lang*, *singen*
r	room [ruːm], hurry [ˈhʌrɪ]	wie r aber nicht rollen!
s	see [siː], famous [ˈfeɪməs]	stimmloses *s* wie in *Last*, *Sex*
z	zero [ˈzɪərəʊ], is [ɪz]	stimmhaftes *s* wie in *lesen*, *Linsen*
ʃ	shop [ʃɒp], fish [fɪʃ]	wie *sch* in *Schule*, *Spur*

tʃ	cheap [tʃiːp], much [mʌtʃ]	wie *tsch* in *tschüs*, *Matsch*
ʒ	television [ːtelɪvɪʒn]	stimmhaftes *sch* wie in *Garage*, *Plantau>ge*
dʒ	just [dʒʌst], bridge [brɪdʒ]	wie in *Job*, *Gin*
θ	thanks [θæŋks], both [bəʊθ]	wie *ß* in *Fuß*, aber gelispelt
ð	that [ðæt], with [wɪð]	wie *s* in *Sense*, aber gelispelt
v	very [ːverɪ], over [ːəʊvə]	etwa wie ein deutsches *w* in *Winter*, aber Oberzähne auf Oberkante der Unterlippe
x	loch [lɒx]	wie *ch* in *lachen*, *Bucht*

Betonungszeichen

ː bedeutet dass der vorhergehende Vokal lang zu sprechen ist

ˋ bedeutet dass die nachfolgende Silbe betont gesprochen wird (Hauptbetonung)

ˌ bedeutet dass die nachfolgende Silbe betont gesprochen wird (Nebenbetonung)

Französische Lautesymbole der nicht anglisierten Wörter im englischen Sprachgebrauch

ɑ̃	ein nasaliertes, offenes *a* wie im französischen Wort *enfant*
ɛ̃	ein nasaliertes, offenes *ä* wie im französischen Wort *fin*
ɔ̃	ein nasaliertes, offenes *o* wie im französischen Wort *bonbon*
œ	ein offener *ö*-Laut wie in *können*
ø	ein geschlossener *ö*-Laut wie in *schön*
y	ein kurzes *ü* wie in *lüften*, *dünn*
ɥ	gleitendes *ü* wie im französischen Wort *muet*
ɲ	ein *j*-haltiges *n*, wie in *gnocchi*

Zum Üben der Aussprache gibt es ein relativ leichtes Mittel, da jeder damit schon einmal in Kontakt gekommen ist.

Jeder Kursteilnehmer sollte einen Text eines bekannten Liedes in der englischen Sprache mitbringen. Anhand dieser Liedtexte, die zumindest jeder einmal gehört hat, kann man sehr anschaulich die Aussprache anzeigen und üben.

Grundbegriffe

Für den Beginn fangen wir mit einigen unabhängigen Grundbegriffen an. Sie stellen eine allgemeine Basis für die weiteren Kapitel dar.
Diese Vokabeln müssen wie alle einfach auswendig gelernt warden, um spaeter damit arbeiten zu können. Das Lernen von Vokabeln ist generell eine der Hauptgrundlagen dieses Kurses.

Später folgen mehr Vokabeln zu den jeweils einzelnen Abschnitten.

Allgemeines

Englisch	Deutsch
I	Ich
you	Du, Sie (Anrede)
he	er
she	sie
it	es
they	sie
we	wir
is	ist
are	sind
have	haben
give	geben
take	nehmen
must	müssen
can	können
man	Mann
woman	Frau
boy	Junge
girl	Mädchen
this	dies
that	das
yes	ja
no	nein
maybe	vielleicht
perhaps	vielleicht
black	schwarz
white	weiß

Englisch	Deutsch
red	rot
blue	blau
green	grün
yellow	gelb
purple	lila
pink	rosa / pink
brown	braun
turquoise	türkis
orange	orange
silver	silber
gold	gold
light	hell, Licht
light-green	hellgrün
not	nicht
house	Haus
garden	Garten
traffic	Verkehr
do	tun machen
to	zu
security personnel	Sicherheitspersonal
security guard	Wachmann
security	Sicherheit
fire	Feuer
sick	krank
ill	krank
wounded	verletzt
hurt	verletzt

Übung

Bitte schreiben Sie für folgende Begriffe den richtigen englischen Ausdruck in die freien Felder:

schwarz ____________________

er ____________________

haben ____________________

Mädchen ____________________

nein ____________________

grün ____________________

Haus ____________________

Wachmann ____________________

nicht ____________________

Verkehr ____________________

Ich ____________________

geben ____________________

sie	____________________
sind	____________________
blau	____________________
Mann	____________________
können	____________________
Frau	____________________
Sicherheit	____________________
zu	____________________
tun	____________________
es	____________________
wir	____________________
ist	____________________

Zahlen

Englisch	Deutsch
one	1
two	2
three	3
four	4
five	5
six	6
seven	7
eight	8
nine	9
ten	10
eleven	11
twelve	12
thirteen	13
fourteen	14
fifteen	15
sixteen	16
seventeen	17
eighteen	18
nineteen	19
twenty	20
twenty-one	21
twenty-two	22
twenty-three	23
twenty-four	24
twenty-five	25
twenty-six	26

Englisch	Deutsch
twenty-seven	27
twenty-eight	28
twenty-nine	29
thirty	30
forty	40
fifty	50
sixty	60
seventy	70
eighty	80
ninety	90
one hundred /a hundred	100
two hundred	200
one thousand / a thousand	1000
two thousand five hundred and sixty-two	2562
first	erste, erster
second	zweite, zweiter
third	dritte, dritter
fourth	vierte, vierter
fifth	fünfte, fünfter

Englisch	Deutsch
sixth	sechste, sechster
seventh	siebte, siebter
eighth	achte, achter
ninth	neunte, neunter
tenth	zehnte, zehnter
eleventh	elfte, elfter
nineteenth	neunzehnte, neunzehnter
twentieth	zwanzigste, zwanzigster
twenty-first	einundzwanzigste, einundzwanzigster
thirty-second	zweiunddreissigste, zweiunddreissigster
forty-third	dreinundvierzigste, dreinundvierzigster
fifty-forth	vierundfünfzigste, vierundfünfzigster
sixty-fifth	fünfundsechzigste, fünfundsechzigster
seventy-sixth	sechsundsiebzigste, sechsundsiebzigster

Englisch	Deutsch
eighty-seventh	siebenundachzigste, siebenundachzigster
ninety-eighth	achtundneunzigste, achtundneunzigster
hundredth	hundertste, hundertster

Übung

Bitte schreiben Sie für folgende Begriffe den richtigen englischen Ausdruck in die freien Felder:

einundzwanzigster ____________________

83 ____________________

98 ____________________

5 ____________________

74 ____________________

153 ____________________

889 ____________________

2 ____________________

6 ____________________

100 ____________________

200 ____________________

erste ____________________

siebte ____________________

fünfundsiebzigste ____________________

12 ____________________

21 ____________________

1000 ____________________

neunte ____________________

einunddreissigste ____________________

1 ____________________

3 ____________________

10 ____________________

50 ____________________

80 ____________________

Begrüßung

Natürlich muss man zuallererst wissen, wie man jemanden begrüßt. Jetzt folgen einige wichtige Begriffe für die Begrüßung und andere Begriffe der Höflichkeit.

Englisch	Deutsch
Good morning	Guten Morgen
Good afternoon	Guten Tag
Good evening	Guten Abend
Hello	Hallo
How do you do?	Wie geht es Ihnen?
I am fine, thank you.	Mir geht es gut, danke.
And how are you?	Und wie geht es Ihnen?
Sir	Mein Herr
Madam	Meine Dame
Please	bitte
Thank you	danke
Thank you very much	danke sehr
You are welcome	bitte sehr
Do you speak English?	Sprechen Sie englisch?
I speak a little bit of English	Ich spreche ein wenig englisch.
Can you help me?	Können Sie mir helfen?
I will try	Ich werde es versuchen.
Goodbye	Auf Wiedersehen

Englisch	Deutsch
Have a nice day / evening	Ich wünsche einen schönen Tag / Abend.
excuse me	Entschuldigen Sie
I am sorry	Es tut mir Leid, Entschuldigung
help	Hilfe
Good night	Gute Nacht

Übung

Bitte schreiben Sie für folgende Begriffe den richtigen englischen Ausdruck in die freien Felder:

Guten Morgen ____________________

Hilfe ____________________

Hallo ____________________

Entschuldigen Sie ____________________

Guten Abend ____________________

danke ____________________

bitte ____________________

bitte sehr ____________________

Können Sie mir helfen?

____

Auf Wiedersehen ____________________

Guten Tag ____________________

Ich werde es versuchen

____

Ich spreche ein wenig Englisch

____

Mein Herr ____________________

Wie geht es Ihnen? ____________________

Meine Dame ____________________

Es tut mir Leid ____________________

Guten Tag ____________________

Ich wünsche einen schönen Tag

____

Ich wünsche einen schönen Abend

____

12 ____________________

Ich ____________________

haben ____________________

achter ____________________

Datum und Uhrzeit

Bei der Uhrzeit wird im Englischen immer bis zu dreissig Minuten nach der Stunde immer von "nach" gesprochen. Im Englischen bezeichnet man aber "halb zwei" als "halb nach eins". Erst ab einunddreissig Minuten nach der Stunde bezeichnet man es mit "vor".

Es gibt zwei Varianten, die Zeit zu nennen. Entweder spricht man sozusagen "zwanzig nach zwölf" oder man sagt einfach "zwölf zwanzig". Beide Beidpiele sind in der folgenden Liste.

Das gleiche gilt für das Datum. Entweder es wird gesagt "der Zwölfte des August" oder man sagt "August der Zwölfte".

Wie es genau funktioniert sieht man für Datum und Uhrzeit in den folgenden Vokabeln:

Englisch	Deutsch
time	Zeit
clock	Uhr
watch	Armbanduhr
o`clock	Uhr (Bezeichnung in der Uhrzeit)
one o`clock	Ein Uhr
to	vor
past	nach
half past	halb nach
a quarter past	Viertel nach
a quarter to	Viertel vor
o	Null
AM.	vor 12 Uhr mittags
PM	nach 12 uhr mittags
twenty-four past one PM.	13.24 Uhr
five past nine	9.05 Uhr
half past eight AM.	8.30 Uhr
half past eight PM.	20.30 Uhr
a quarter past six	6.15 Uhr
a quarter to eleven	10.45 Uhr
it is nine past ten	10.09 Uhr
one twenty-four	1.24 Uhr
nine o five	9.05 Uhr
eight thirty	8.30 Uhr
six fifteen	6.15 Uhr
ten forty five	10.45 Uhr
it is ten o nine	10.09 Uhr

Englisch	Deutsch
fifteen twelve	15.12 Uhr
late	spät
early	früh
now	jetzt
last	letzte letzter letzten
next	nächste nächster nächsten
morning	Morgen
afternoon	Nachmittag
evening	Abend
today	heute
tomorrow	morgen
the day after tomorrow	übermorgen
in three days	in drei Tagen
yesterday	gestern
weekend	Wochenende
last weekend	letztes Wochenende
next weekend	nächstes Wochenende
date	Datum
day	Tag
night	Nacht
January	Januar
February	Februar
March	März

Englisch	Deutsch
April	April
May	Mai
June	Juni
July	Juli
August	August
September	September
October	Oktober
November	November
December	Dezember
Monday	Montag
Tuesday	Dienstag
Wednesday	Mittwoch
Thursday	Donnerstag
Friday	Freitag
Saturday	Samstag
Sunday	Sonntag
August the twelfth two thousand and eight	12.08.2008
the twelfth of August two thousand and eight	12.08.2008
December the sixth two thousand and eight	06.12.2008
the sixth of December two thousand and eight	06.12.2008

Englisch	Deutsch
January the first two thousand and eight	01.01.2008
the first of January two thousand and eight	01.01.2008
May the twenty-eighth two thousand and eight	28.05.2008
the twenty-eighth of May two thousand and eight	28.05.2008
It is May the twenty-eighth two thousand and eight	Es ist der achtundzwanzigste Mai 2008
It is the twenty-eighth of May two thousand and eight	Es ist der achtundzwanzigste Mai 2008
What date is it?	Welches Datum haben wir?
What day is it?	Welchen Tag haben wir?
Can you tell me the date?	Können Sie mir das Datum sagen
What time is it?	Wieviel Uhr ist es?
Can you tell me the time?	Können Sie mir die Uhrzeit sagen?
Can you tell me how late it is?	Können Sie mir sagen, wie spat es ist?
Yes, I can	Ja, ich kann

Englisch	Deutsch
Of course	Natürlich
It is …	Es ist …
year	Jahr

Übung

Bitte schreiben Sie für folgende Begriffe den richtigen englischen Ausdruck in die freien Felder:

13.58 Uhr ______________________

Januar ______________________

Dienstag ______________________

19.08.1974 ______________________

Zeit ______________________

Datum ______________________

gestern ______________________

natürlich ______________________

Welchen Tag haben wir?

____

Uhr ______________________

15.04.1998 ______________________

09.05 Uhr ______________________

Wochenende ______________________

Mai ______________________

Donnerstag ______________________

vor ______________________

Tag ______________________

nach ______________________

Wieviel Uhr ist es?

____

Viertel vor ______________________

spät ______________________

Jahr ______________________

Nacht ______________________

Juni ______________________

Wegbeschreibungen

Einer der wichtigsten Gründe, warum ein Sicherheitsmitarbeiter über englische Grundkenntnisse verfügen sollte, ist die Fähigkeit, Wege beschreiben zu können, wenn Touristen oder Reisende, die kein Deutsch können, Hilfe beim Finden ihres Weges benötigen.

In diesem Kapitel gibt es die Vokabeln für Wegmarken wie Kirchen, Kaufhäuser, etc. anhand deren man Wege beschreiben kann.

Zusätzlich lernen Sie hier, wie man Richtungen, Entfernungen, Richtungsänderungen etc. auf Englisch erklärt.

Englisch	Deutsch
street	Straße
road	Straße
lane	Straße
alley	Kleine Straße
way	Weg
avenue	Allee
Main street	Hauptstraße
spot	Platz
square	Platz
roundabout	Kreisverkehr

Englisch	Deutsch
circus	Kreisverkehr
crossing	Kreuzung
x-crossing	Kreuzung
t-crossing	T-Kreuzung
traffic-lights	Verkehrsampel
bend	Kurve
curve	Kurve
church	Kirche
cathedral	Dom
town-hall	Rathaus
bar	Kneipe, Bar
restaurant	Restaurant
shopping-centre	Einkaufszentrum
mall	Einkaufszentrum
theatre	Theater
cinema	Kino
shop	Geschäft Laden
chemist	Apotheke
drugstore	Drogerie
hospital	Krankenhaus
ambulance	Krankenwagen
doctor	Arzt
nurse	Krankenschwester
police	Polizei
police-station	Ploizeiwache
policeman	Polizist

Englisch	Deutsch
fire department	Feuerwehr
fireman	Feuerwehrmann
Bobby	Polizist (umgangssprachlich)
nursery	Kindergarten
kindergarden	Kindergarten
tube	U-Bahn
lorry	LKW
van	LKW
swimming-Pool	Schwimmbad
bus	Bus
bus-stop	Bushaltestelle
car	Auto
university	Universität
college	Fachhochschule
grammar school	Gymnasium
school	Schule
main station	Hauptbahnhof
train station	Bahnhof
underground	U-Bahn
underground station	U-Bahnstation
library	Bücherei
parking-lot	Parkplatz
bridge	Brücke
river	Fluss
lake	See
canal	Kanal

Englisch	Deutsch
tunnel	Tunnel
shoe shop	Schuhgeschäft
clothes shop	Bekleidungsgeschäft
tobacco shop	Tabakwarenladen
tourist information	Touristeninformation
information	Information
ticket shop	Eintrittskartenverkauf
gift shop	Souvenirladen
entrance	Eingang
gate	Tor
door	Tür
floor	Etage Boden
bathroom	Badezimmer WC
restroom	WC
stairs	Treppe
elevator	Fahrstuhl Aufzug
escalator	Rolltreppe
ground floor	Erdgeschoss
top floor	Oberste Etage
basement	Keller
roof	Dach
department	Abteilung
office	Büro
clerk	Angestellter
assistant	Assistant

Englisch	Deutsch
manager	Manager Geschäftsführer Abteilungsleiter
reception	Empfang
ball-room	Ballsaal
dining-room	Esszimmer
living-room	Wohnzimmer
hallway	Gang
entrance hall	Eingangshalle
bedroom	Schlafzimmer
hotel-room	Hotelzimmer
youth hostel	Jugendherberge
bike	Fahrrad
motor-bike	Motorrad
pedestrian	Fußgänger
direction	Richtung
drive	fahren
walk	gehen
walk down the street	die Straße herunter / entlang gehen
see	sehen
until	bis
then	dann
at	bei
stay	bleiben
on	auf
arrive	ankommen
reach	erreichen

Englisch	Deutsch
on your right	auf/zu Ihrer Rechten
on your left	auf/zu Ihrer Linken
pass	passieren daran vorbeigehen
go straight on	geradeaus gehen
turn right	rechts abbiegen
turn left	links abbiegen
airport	Flughafen
flight	Flug
train	Zug
taxi	Taxi
cab	Taxi
time table	Fahrplan Zeitplan
schedule	Zeitplan Terminplan
appointment	Verabredung Termin
meter	Meter
kilometre	Kilometer
mile	Eine Meile (englische Maßeinheit, ca. 1,695 Kilometer)
one foot	Ein Fuß (englische Maßeinheit, ca. 33 Zentimeter)
three feet	drei Fuß (ca. 1 Meter)

Englisch	Deutsch
One hundred meters	einhundert Meter
two hundred and fifty-two meters	250m
one kilometre	ein Kilometer
one point five kilometres	Eins Komma fünf Kilometer (1,5 Kilometer)
turn into	einbiegen
there	da dort
left	links
right	rechts
well	Brunnen gut
Cafe	Café
newspaper shop	Zeitschriftenladen
toy shop	Spielwarenladen
jewellers	Juwelier
insurance company	Versicherungsbüro
playground	Spielplatz
corridor	Gang Flur
bakery	Bäckerei
food shop	Lebensmittelgeschäft
book shop	Buchladen
car rental	Autovermietung

Karte 1

Straßenkarte

für die Wegbeschreibungen:

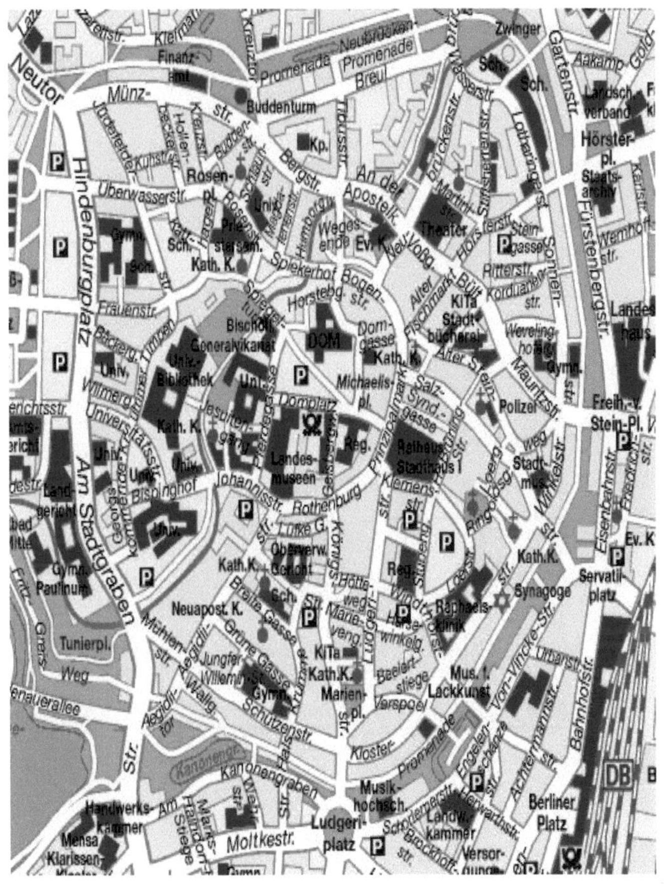

Karte 2

Hotel

für die Wegbeschreibungen:

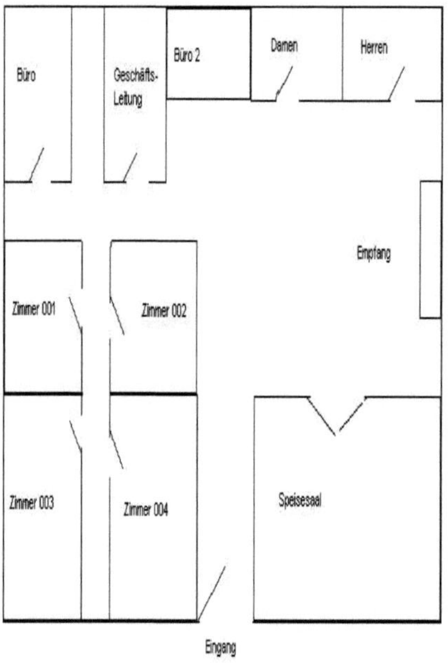

Karte 3

Einkaufsstraße

für die Wegbeschreibungen:

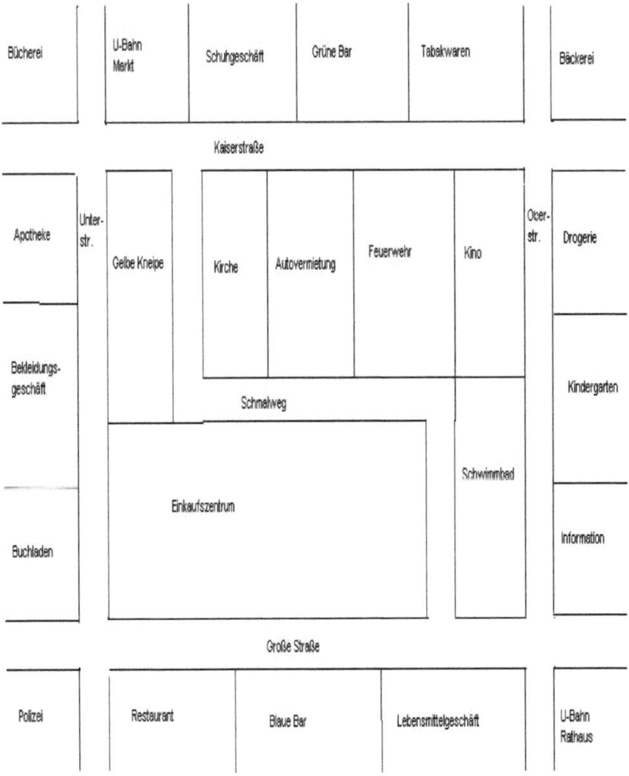

Bücherei

U-Bahn Markt

Schuhgeschäft

Grüne Bar

Tabakwaren

Bäckerei

Kaiserstraße

Apotheke

Unter-str.

Gelbe Kneipe

Kirche

Autovermietung

Feuerwehr

Kino

Ober-str.

Drogerie

Bekleidungs-geschäft

Schmalweg

Kindergarten

Schwimmbad

Einkaufszentrum

Buchladen

Information

Große Straße

Polizei

Restaurant

Blaue Bar

Lebensmittelgeschäft

U-Bahn Rathaus

Karte 4

Einkaufszentrum

für die Wegbeschreibungen:

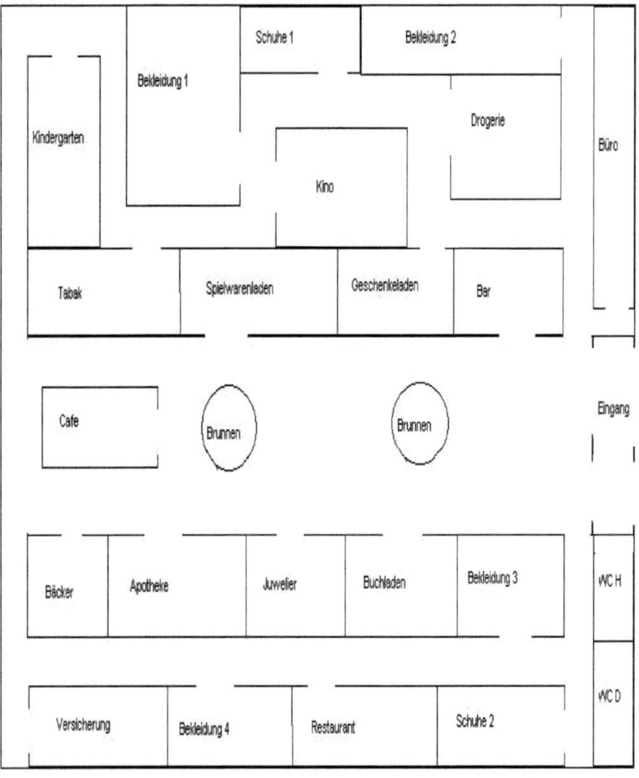

Übung 1

Bitte schreiben Sie für folgende Begriffe den richtigen englischen Ausdruck in die freien Felder:

Straße	______________________
Theater	______________________
Kino	______________________
Rechts abbiegen	______________________
Schwimmbad	______________________
Bäckerei	______________________
Kreisverkehr	______________________
Spielplatz	______________________
Feuerwehr	______________________
Polizei	______________________
Kirche	______________________
Kurve	______________________

Geradeaus gehen	______________
Eingang	______________
Tor	______________
Aufzug	______________
See	______________
Auto	______________
links	______________
bis	______________
sehen	______________
Richtung	______________
bei	______________
auf	______________

Übung 2

Beschreiben Sie den Weg von dem hier beschriebenen Standort zu dem gewünschten Ziel, als ob ein Kunde Sie im Dienst auf English fragen würde:

Auf Karte 2: Den Weg vom Eingang zu Zimmer 003

Übung 3

Beschreiben Sie den Weg von dem hier beschriebenen Standort zu dem gewünschten Ziel, als ob ein Kunde Sie im Dienst auf English fragen würde:

Auf Karte 3: Den Weg von der U-Bahn-Station "Rathaus" zur U-Bahn-Station "Markt"

Übung 4

Beschreiben Sie den Weg von dem hier beschriebenen Standort zu dem gewünschten Ziel, als ob ein Kunde Sie im Dienst auf English fragen würde:

Auf Karte 4: Den Weg vom Eingang zum Kino

Übung 5

Beschreiben Sie den Weg von dem hier beschriebenen Standort zu dem gewünschten Ziel, als ob ein Kunde Sie im Dienst auf English fragen würde:

Auf Karte 1: Den Weg vom Dom zum Hauptbahnhof

Einlasskontrolle

Ein weiterer wichtiger Punkt ist die Einlasskontrolle. Auch bei Veranstaltungen kommt es häufiger vor, daß Gäste aus dem Ausland erscheinen. Da es bei vielen Veranstaltung bestimmte regeln für den Einlass zusätzlich zur Ticketkontrolle gibt, wie z.B. Taschenkontrollen, muss man auch da in der Lage sein, dies mit Hilfe der Englischen Sprache durchzuführen.

Englisch	Deutsch
stadium	Stadion
soccer stadium	Fußballstadion
football stadium	Fußballstadion
exhibition	Ausstellung Messe
bottle	Flasche
weapon	Waffe
gun	Pistole
knife	Messer
liquids	Flüssigkeiten
drink	Getränk
food	Nahrungsmittel
bag	Tasche
rucksack	Rucksack
backpack	Rucksack

Englisch	Deutsch
search	suchen durchsuchen
have a look inside	einen Blick hinein werfen
open	öffnen offen
let me see	mich sehen lassen
can I see	darf ich sehen
content	inhalt
wait	warten
sign	Schild
rule	Regel
order	Anweisung Befehl
coat	Mantel Jacke
jacket	Jacke Jacket
hat	Hut Mütze
touch	anfassen berühren
gloves	Handschuhe
everybody	jeder
show	zeigen
enter	eintreten betreten
visit	besuchen

Englisch	Deutsch
guest	Gast Besucher
visitor	Besucher
superior	Vorgesetzter
we are ordered	wir haben Anweisung
to	zu
want	wollen wünschen möchten
who	wer
any	jede jedes jeden
every	jede jedes jeden
need	brauchen
have to	müssen
no one	niemand
allowed	crlaubt
bring	bringen
into	hinein
come in	hineinkommen
outside	draussen
Good afternoon, Sir.	Guten Tag, mein Herr.
Can I have a look in your bag, please?	Darf ich bitte einen Blick in Ihre Tasche werfen

Englisch	Deutsch
Why?	Warum?
It is not allowed to bring bottles into the stadium.	Es ist nicht erlaubt, Flaschen in das Stadion zu bringen.
We are ordered to search every bag.	Wir haben Anweisung, jede Tasche nachzuschauen.
I do not want to.	Ich will das nicht.
Then you have to stay outside.	Dann müssen Sie draussen bleiben.
Okay.	In Ordnung.

Übung

Bitte schreiben Sie für folgende Begriffe den richtigen englischen Ausdruck in die freien Felder:

Schild ____________________

Messer ____________________

jeder ____________________

Flasche ____________________

Stadion ____________________

zeigen ____________________

suchen ____________________

Tasche ____________________

zu ____________________

jeder ____________________

bringen ____________________

Besucher ____________________

hinein ______________________

Waffe ______________________

Anweisung ______________________

öffnen ______________________

Inhalt ______________________

warten ______________________

Getränk ______________________

Ausstellung ______________________

draussen ______________________

bleiben ______________________

Rucksack ______________________

Nahrungsmittel ________________

Übung 2

Schriben Sie hier ein Beispiel für ein Gespräch am Eingang eines Stadions zwischen einem Wachmann, der eine Taschenkontrolle durchführen möchte und einem Besucher.

In diesem Stadion haben die Sicherheitsleute die Anweisung, daß niemand Waffen, Getränke, Essen oder gefährliche Gegenstände jeder Art (auch potentielle Wurfgeschosse) mitnehmen darf.

Besucher: **Good morning.**

Wachmann: Good morning, Sir.
Can I have a look in your bag, please?

Besucher: **Why?**

Wachmann: … (ab hier bitte fortsetzen)

Vokabelsammlung

Hie finden Sie noch einmal gesammelt sämtliche Vokabeln aus den voran gegangenen Lektionen. Sie können diese mit dieser Sammlung einfach nachschlagen, wenn Sie sie benötigen. Die Sammlung ist einmal in Englisch-Deutsch und zusätzlich auch in Deutsch-Englisch.

Englisch – Deutsch

Englisch	Deutsch
a quarter past	Viertel nach
a quarter past six	Viertel nach sechs
a quarter to	Viertel vor
a quarter to eleven	Viertel vor elf
afternoon	nachmittag
airport	Flughafen
alley	Weg
allowed	erlaubt genehmigt
AM.	Zusatz zur Uhrzeit bei einer zwölf-Stunden-Anzeige vor zwölf Uhr mittags
ambulance	Krankenwagen
And how are you?	Und wie geht es Ihnen?

Englisch	Deutsch
any	jede jeder jades
appointment	Termin Verabredung
April	April
are	sind
arrive	ankommen erreichen
assistant	Assistant
at	bei an
August	August
August the twelfth two thousand and eight	12.08.2008
avenue	Allee Straße
backpack	Rucksack
bag	Tasche
bakery	Bäckerei
ball-room	Ballsaal
bar	Bar Kneipe
basement	Keller
bathroom	Badezimmer WC

Englisch	Deutsch
bedroom	Schlafzimmer
bend	Kurve
bike	Fahrrad
black	schwarz
blue	blau
Bobby	Polizist (umgangssprachlich)
book shop	Buchladen
bottle	Flasche
boy	Junge
bridge	Brücke
bring	bringen
brown	braun
bus	Bus
bus-stop	Bushaltestelle
cab	Taxi
Cafe	Café
can	können dürfen
Can I have a look in your bag, please?	Darf ich bitte einen Blick in Ihre Tasche werfen?
can I see	kann ich sehen darf ich sehen
Can you help me?	Können Sie mir helfen?
Can you tell me how late it is?	Können Sie mir sagen wie spat es ist?

Englisch	Deutsch
Can you tell me the date?	Können Sie mir das Datum sagen?
Can you tell me the time?	Können Sie mir die Uhrzeit sagen?
canal	Kanal
car	Auto
car rental	Autovermietung
cathedral	Dom
chemist	Apotheke
church	Kirche
cinema	Kino
circus	Kreisverkehr
clerk	Angestellter
clock	Uhr
clothes shop	Bekleidungsgeschäft
coat	Mantel Jacke
college	Fachhochschule
come in	hereinkommen
content	Inhalt
corridor	Gang Flur
crossing	Kreuzung
curve	Kurve
date	Datum
day	Tag
December	Dezember

Englisch	Deutsch
December the sixth two thousand and eight	06.12.2008
department	Abteilung
dining-room	Speisezimmer
direction	Richtung
do	tun machen
Do you speak English?	Sprechen Sie English?
doctor	Arzt
door	Tür
drink	Getränk trinken
drive	fahren Einfahrt
drugstore	Drogerie
early	früh
eight	acht
eight thirty	08.30 Uhr
eighteen	achtzehn
eighth	achte achter
eighty	achtzig
eighty-seventh	achtundsiebzigste achtundsiebzigster

Englisch	Deutsch
elevator	Fahrstuhl Aufzug
eleven	elf
eleventh	elfte elfter
enter	eintreten hineingehen
entrance	Eingang
entrance hall	Eingangshalle
escalator	Rolltreppe
evening	Abend
every	jede jeder jades
everybody	jeder (Person allgemein)
excuse me	Entschuldigung (um Aufmerksamkeit bittend)
exhibition	Ausstellung Messe
February	Februar
fifteen	fünfzehn
fifteen twelve	15.12 Uhr
fifth	fünfte fünfter
fifty	fünfzig
fifty-forth	vierundfünfzigste vierundfünfzigster
fire	Feuer

Englisch	Deutsch
fire department	Feuerwehr
fireman	Feuerwehrmann
first	erste erster
five	fünf
five past nine	fünf nach neun
flight	Flug
floor	Etage Boden
food	Nahrungsmittel
food shop	Lebensmittelgeschäft
football stadium	Fußballstadion
forty	vierzig
forty-third	dreiundvierigste dreiundvierzigster
four	vier
fourteen	virezehn
fourth	vierte vierter
Friday	Freitag
garden	Garten
gate	Tor
gift shop	Geschenkeladen
girl	Mädchen
give	geben
gloves	Handschuhe
go straight on	geradeaus gehen
gold	Gold

Englisch	Deutsch
Good afternoon	Guten Tag
Good afternoon, Sir.	Guten Tag, mein Herr
Good evening	Guten Abend
Good morning	Guten Morgen
Good night	Gute Nacht
Goodbye	Auf Wiedersehen
grammar school	Gymansium
green	grün
ground floor	Erdgeschoss
guest	Gast Besucher
gun	Schusswaffe
half past	halb nach
half past eight AM.	08.30 Uhr
half past eight PM.	20.30 Uhr
hallway	Gang
hat	Hut Mütze
have	haben
have a look inside	einen Blick hinein werfen
Have a nice day / evening	Ich wünsche noch einen schönen Tag Ich wünsche noch einen schönen Abend

Englisch	Deutsch
have to	müssen
he	er
Hello	Hallo
help	Hilfe helfen
hospital	Krankenhaus
hotel-room	Hotelzimmer
house	Haus
How do you do?	Wie geht es Ihnen?
hundredth	hundertste hundertster
hurt	verletzt verletzen
I	Ich
I am fine, thank you.	Mir geht es gut, danke.
I am sorry	Es tut mir Leid.
I do not want to.	Ich will nicht.
I speak a little bit of English	Ich spreche ein wnig Englisch.
I will try	Ich werde es versuchen.
ill	krank
in three days	in drei Tagen
information	Information
insurance company	Versicherungsbüro Versicherungsgesellschaft
into	hinein in

Englisch	Deutsch
is	ist
it	es
It is …	es ist …
It is May the twenty-eighth two thousand and eight	Es ist der achtundzwanzigste Mai 2008
it is nine past ten	es ist neun nach zehn
It is not allowed to bring bottles into the stadium.	Es ist nicht erlaubt, Flaschen mit ins Stadion zu bringen.
it is ten o nine	es ist 10.09 Uhr.
It is the twenty-eighth of May two thousand and eight	Es ist der achtundzwanzigste Mai 2008
jacket	Jacke Jacket
January	Januar
January thc first two thousand and eight	01.01.2008
jewellers	Juwelier
July	Juli
June	Juni
kilometre	Kilometer
kindergarden	Kindergarten
knife	Messer

Englisch	Deutsch
lake	See
lane	Straße
last	letzte letzter andauern
last weekend	letztes Wochenende
late	spät verstorben
left	links zurückgelassen
let me see	lass mich sehen
library	Bücherei
light	hell Licht
light-green	hellgrün
liquids	Flüssigkeiten
living-room	Wohnzimmer
lorry	LKW
Madam	Meine Dame
main station	Hauptbahnhof
Main street	Hauptstraße
mall	Einkaufszentrum
man	Mann
manager	Manager Geschäftsführer
March	März
May	Mai

Englisch	Deutsch
May the twenty-eighth two thousand and eight	28.05.2008
maybe	vielleicht möglicherweise
meter	Meter Zollstock
mile	Meile
Monday	Montag
morning	Morgen
motor-bike	Motorrad
must	müssen
need	brauchen
newspaper shop	Zeitschriftenladen
next	nächste nächster nächstes
next weekend	nächstes wochenende
night	Nacht
nine	neun
nine o five	09.05 Uhr
nineteen	neunzehn
nineteenth	neunzehnte neunzehnter
ninety	neunzig
ninety-eighth	achtundneunzig

Englisch	Deutsch
ninth	neunte neunter neuntes
no	nein
no one	niemand keiner
not	nicht
November	November
now	jetzt
nurse	Krankenschwester
nursery	Kindergarten
o	null
o`clock	Uhr (bei Uhrzeit)
October	Oktober
Of course	natürlich
office	Büro
Okay.	In Ordnung
on	an auf ein
on your left	auf Ihrer Linken
on your right	auf Ihrer Rechten
one	eins
one foot	ein Fuß (Maßangabe)
one hundred /a hundred	einhundert
One hundred meters	einhundert Meter

Englisch	Deutsch
one kilometre	ein Kilometer
one o`clock	ein Uhr
one point five kilometres	1,5 Kilometer
one thousand / a thousand	ein tausend
one twenty-four	01.24 Uhr
open	offen öffnen geöffnet
orange	orange
order	Anweisung Befehl
outside	draussen
parking-lot	Parkplatz
pass	passieren vorbeigehen an
past	nach Vergangenheit
pedestrian	Fußgänger
perhaps	vielleicht
pink	rosa pink
playground	Spielplatz
Please	bitte
PM	Zusatz zurUhrzeit bei einer zwölf-Stunden-Anzeige nach zwölf Uhr mittags

Englisch	Deutsch
police	Polizei
policeman	Polizist
police-station	Polizeiwache
purple	lila violett
reach	erreichen
reception	Empfang
red	rot
restaurant	Restaurant
restroom	WC
right	rechts richtig
river	Fluss
road	Straße
roof	Dach
roundabout	Kreisverkehr
rucksack	Rucksack
rule	Regel
Saturday	Samstag
schedule	Zeittafel Terminplan
school	Schule
search	suchen
second	zweite zweiter zweites
security	Sicherheit
security guard	Wachmann

Englisch	Deutsch
security personnel	Sicherheitspersonal
see	sehen
September	September
seven	sieben
seventeen	siebzehn
seventh	siebte siebter siebtes
seventy	siebzig
seventy-sixth	sechsundsiebzigste sechsundsiebzigster sechsundsiebzigstes
she	sie
shoe shop	Schuhgeschäft
shop	Laden Geschäft
shopping-centre	Einkaufszentrum
show	zeigen
sick	krank
sign	Schild
silver	silber
Sir	mein Herr
six	sechs
six fifteen	06.15 Uhr
sixteen	sechzehn

Englisch	Deutsch
sixth	sechste sechster sechstes
sixty	sechzig
sixty-fifth	fünfundsechzig
soccer stadium	Fußballstadion
spot	Platz Punkt Fleck
square	Platz Quadrat
stadium	Stadion
stairs	Treppe
stay	bleiben
street	Straße
Sunday	Sonntag
superior	Vorgesetzter
swimming-Pool	Schwimmbad
take	nehmen
taxi	Taxi
t-crossing	T-Kreuzung
ten	zehn
ten forty five	10.45 Uhr
tenth	zehnte zehnter zehntes
Thank you	Danke

Englisch	Deutsch
Thank you very much	Danke sehr
that	das
the day after tomorrow	übermorgen
the first of January two thousand and eight	01.01.2008
the sixth of December two thousand and eight	06.12.2008
the twelfth of August two thousand and eight	12.08.2008
the twenty-eighth of May two thousand and eight	28.05.2008
theatre	Theater
then	dann
Then you have to stay outside.	Dann müssen Sie draussen bleiben.
there	dort
they	sie (mehrzahl)

Englisch	Deutsch
third	dritte dritter drittes
thirteen	dreizehn
thirty	dreissig
thirty-second	zweiunddreissigste zweiunddreissigster zweiunddreissigstes
this	dies
three	drei
three feet	drei Fuß (Maßangabe)
Thursday	Donnerstag
ticket shop	Kartenvorverkauf
time	Zeit
time table	Zeitplan Fahrplan
to	zu
tobacco shop	Tabakwarenladen
today	heute
tomorrow	morgen
top floor	oberstes Stockwerk
touch	berühren anfassen
tourist information	Touristeninformation
town-hall	Rathaus
toy shop	Spielzeugladen
traffic	Verkehr

Englisch	Deutsch
traffic-lights	Verkehrsampel
train	Zug
train station	Bahnhof
tube	U-Bahn (umgangssprachlich)
Tuesday	Dienstag
tunnel	Tunnel
turn into	einbiegen in
turn left	links abbiegen
turn right	rechts abbiegen
turquoise	türkis
twelve	zwölf
twentieth	zwanzigste zwanzigster zwanzigstes
twenty	zwanzig
twenty-eight	achtundzwanzig
twenty-first	einundzwanzigste einundzwanzigster einundzwanzigstes
twenty-five	fünfundzwanzig
twenty-four	vierundzwanzig
twenty-four past one PM.	13.24 Uhr
twenty-nine	neunundzwanzig
twenty-one	einundzwanzig
twenty-seven	siebenundzwanzig
twenty-six	sechsundzwanzig

Englisch	Deutsch
twenty-three	dreiundzwanzig
twenty-two	zweiundzwanzig
two	zwei
two hundred	zweihundert
two hundred and fifty-two meters	250 Meter
two thousand five hundred and sixty-two	2562
underground	U-Bahn
underground station	U-Bahn-Station
university	Hochschule Universität
until	bis
van	LKW
visit	besuchen
visitor	Besucher
wait	warten
walk	gehen
walk down the street	die Straße hinunter gehen
want	woollen
watch	Armbanduhr beobachten
way	Weg
we	wir
we are ordered	wir haben Anweisung

Englisch	Deutsch
We are ordered to search every bag.	Wir haben Anwisung, jede Tasche nachzuschauen.
weapon	Waffe
Wednesday	Mittwoch
weekend	Wochenende
well	Brunnen gut
What date is it?	Welches Datum haben wir?
What day is it?	Welchen Tag haben wir?
What time is it?	Wie spat ist es?
white	weiß
who	wer
Why?	Warum?
woman	Frau
wounded	verletzt verwundet
x-crossing	Kreuzung
year	Jahr
yellow	gelb
yes	ja
Yes, I can	Ja, ich kann
yesterday	gestern
you	Du
You are welcome	Bitte sehr
youth hostel	Jugendherberge

Deutsch – Englisch

Deutsch	Englisch
01.01.2008	January the first two thousand and eight the first of January two thousand and eight
06.12.2008	December the sixth two thousand and eight the sixth of December two thousand and eight
1	one
1.24 Uhr	one twenty four one twenty four AM twenty-four past one
10	ten
10.09 Uhr	ten o nine ten o nine AM nine past ten
10.45 Uhr	ten forty-five ten forty-five AM a quarter to eleven
100	a hundred one hundred
1000	a thousand one thousand
11	eleven

Deutsch	Englisch
12	twelve
12.08.2008	August the twelfth two thousand and eight the twelfth of August two thousand and eight
13	thirteen
13.24 Uhr	thirteen twenty-four twenty-four past one
14	fourteen
15	fifteen
15.12 Uhr	fifteen twelve twelve past three
16	sisteen
17	seventeen
18	eighteen
19	nineteen
2	two
20	twenty
20.30 Uhr	twenty thirty half past eight
200	two hundred
21	twenty-one
22	twenty-two
23	twenty-three
24	twenty-four
25	twenty-five

Deutsch	Englisch
250m	two hundred and fifty metres
2562	two thousand five hundred and sixty-two
26	twenty-six
27	twenty-seven
28	twenty-eight
28.05.2008	May the twenty-eighth two thousand and eight the twenty-eighth of May two thousand and eight
29	twenty-nine
3	three
30	thirty
4	four
40	forty
5	five
50	fifty
6	six
6.15 Uhr	six fifteen six fifteen AM a quarter past six
60	sixty
7	seven
70	seventy

Deutsch	Englisch
8	eight
8.30 Uhr	eight thirty eight thirty AM half past eight
80	eighty
9	nine
9.05 Uhr	nine o five nine o five AM five past nine
90	ninety
Abend	evening
Abteilung	department
Abteilungsleiter	manager
achte	eighth
achter	eighth
achtes	eighth
achtundneunzigste	twenty-eighth
achtundneunzigster	twenty
achtundneunzigstes	twenty
Allee	Avenue
anfassen	touch
Angestellter	clerk
ankommen	arrive reach
Anweisung	order
Apotheke	chemists pharmacy
April	April

Deutsch	Englisch
Armbanduhr	watch
Arzt	doctor
Assistent	assistant
auf	on
Auf Wiedersehen	Goodbye
auf/zu Ihrer Linken	on your left
auf/zu Ihrer Rechten	on your right
Aufzug	elevator
August	August
Ausstellung	exhibition
Auto	car
Autovermietung	car rental
Bäckerei	bakery
Badezimmer	bathroom
Bahnhof	train station
Ballsaal	ball-room
Bar	bar
Befehl	order
bei	at
Bekleidungsgeschäft	clothes shop
berühren	touch
besuchen	visit
Besucher	visitor guest
betreten	enter
bis	until
bitte	please
bitte sehr	you are welcome

Deutsch	Englisch
blau	blue
bleiben	stay
Boden	floor
brauchen	need
braun	brown
bringen	bring
Brücke	bridge
Brunnen	well
Bücherei	library
Buchladen	book shop
Büro	office
Bus	bus
Bushaltestelle	bus stop
Café	café
da	there
Dach	roof
danke	thank you thanks
danke sehr	thank you very much
dann	then
Dann müssen Sie draussen bleiben.	Then you will have to stay outside.
Darf ich bitte einen Blick in Ihre Tasche werfen	Can I have a look inside your bag, please?
darf ich sehen	can I see
daran vorbeigehen	pass
das	that

Deutsch	Englisch
Datum	date
Dezember	December
die Straße herunter / entlang gehen	walk down the street
Dienstag	Tuesday
dies	this
Dom	cathedral
Donnerstag	Thursday
dort	there
draussen	outside
drei Fuß (ca. 1 Meter)	three feet
dreinundvierzigste	forty-third
dreinundvierzigster	forty-third
dreinundvierzigstes	forty-third
dritte	third
dritter	third
drittes	third
Drogerie	drugstore
durchsuchen	search
Du	you
Ein Fuß (englische Maßeinheit, ca. 33 Zentimeter)	one foot
ein Kilometer	one kilometre
Ein Uhr	one o`clock
einbiegen	turn into

Deutsch	Englisch
Eine Meile (englische Maßeinheit, ca. 1,695 Kilometer)	one mile
einen Blick hinein werfen	have a look inside
Eingang	entrance
Eingangshalle	entrance hall
einhundert Meter	one hundred metres
Einkaufszentrum	shopping centre mall
Eins Komma fünf Kilometer (1,5 Kilometer)	one point five kilometres
eintreten	enter
Eintrittskartenverkauf	ticket shop
einundzwanzigste	twenty-first
einundzwanzigster	twenty-first
einundzwanzigstes	twenty-first
elfte	eleventh
elfter	eleventh
elftes	eleventh
Empfang	reception
Entschuldigung	sorry
Entschuldigen Sie	excuse me
er	he
Erdgeschoss	ground floor
erlaubt	allowed permitted

Deutsch	Englisch
erreichen	reach arrive
erste	first
erster	first
erstes	first
es	it
Es ist …	it is…
Es ist der achtundzwanzigste Mai 2008	It is the twenty-eighth of May two thousand and eight It is May the twenty-eighth two thousand and eight
Es ist nicht erlaubt, Flaschen in das Stadion zu bringen.	It is not allowed to bring bottles into the stadium.
Es tut mir Leid	I am sorry.
Esszimmer	dining-room
Etage	floor
Fachhochschule	college
fahren	drive
Fahrplan	time table schedule
Fahrrad	bike
Fahrstuhl	elevator
Februar	February
Feuer	fire
Feuerwehr	fire department

Deutsch	Englisch
Feuerwehrmann	fireman
Flasche	bottle
Flug	flight
Flughafen	airport
Flur	corridor hallway
Fluss	river
Flüssigkeiten	liquids
Frau	woman
Freitag	Friday
früh	early
fünfte	fifth
fünfter	fifth
fünftes	fifth
fünfundsechzigste	sixty-fith
fünfundsechzigster	sixty-fith
fünfundsechzigste	sixty-fith
Fußballstadion	football stadium soccer stadium
Fußgänger	pedestrian
Gang	corridor hallway
Garten	garden
Gast	guest
geben	give
gehen	walk go
gelb	yellow

Deutsch	Englisch
geradeaus gehen	go straight ahaid walk straight ahead
Geschäft	shop
Geschäftsführer	manager
gestern	yesterday
Getränk	drink
gold	gold
grün	green
gut	well good
Gute Nacht	Good night
Guten Abend	Good evening
Guten Morgen	Good morning
Guten Tag	Good afternoon
Guten Tag, mein Herr.	Good afternoon, Sir
Gymnasium	grammar school
haben	have
halb nach	half past
Hallo	hello
Handschuhe	gloves
Hauptbahnhof	main station
Hauptstraße	main street
Haus	house
hell	light
hellgrün	light-green
heute	today
Hilfe	help
hinein	into

Deutsch	Englisch
hineinkommen	go into walk into get into
Hotelzimmer	hotel room
hundertste	a hundredth one hundreth
hundertster	a hundredth one hundreth
hundertstes	a hundredth one hundreth
Hut	hat
Ich	I
Ich spreche ein wenig englisch.	I speak a little bit of English
Ich werde es versuchen.	I will try
Ich will das nicht.	I do not want to
Ich wünsche einen schönen Abend	Have a nice evening
Ich wünsche einen schönen Tag	Have a nice day
in drei Tagen	in three days
In Ordnung.	okay
Information	information
Inhalt	contents
ist	is
ja	yes
Ja, ich kann	Yes, I can

Deutsch	Englisch
Jacke	jacket coat
Jacket	jacket
Jahr	year
Januar	January
jede	every any
jeder	every everybody any
jedes	every any
jeden	every any
jetzt	now
Jugendherberge	youth hostel
Juli	July
Junge	boy
Juni	June
Juwelier	jewellers
Kanal	canal
Keller	basement
Kilometer	kilometre
Kindergarten	kindergarden
Kino	cinema
Kirche	church
Kleine Straße	alley
Kneipe	bar

Deutsch	Englisch
können	can
Können Sie mir das Datum sagen	Can you tell me the date?
Können Sie mir die Uhrzeit sagen?	Can you tell me the time?
Können Sie mir helfen?	Can you help me?
Können Sie mir sagen, wie spat es ist?	Can you tell me how late it is?
krank	ill sick
Krankenhaus	hospital
Krankenschwester	nurse
Krankenwagen	ambulance
Kreisverkehr	circus roundabout
Kreuzung	crossing x-crossing
Kurve	bend curve
Laden	shop
Lebensmittelgeschäft	food shop food store
letzte	last
letzter	last
letztes	last
letzten	last
letztes Wochenende	last weekend
Licht	light

Deutsch	Englisch
lila	purple
links	left
links abbiegen	turn left
LKW	lorry van
machen	do make
Mädchen	girl
Mai	May
Manager	manager
Mann	man
Mantel	coat
März	March
Mein Herr	Sir
Meine Dame	Madam Ma´am
Messe	exhibition
Messer	knife
Meter	metre
mich sehen lassen	let me see
Mir geht es gut, danke.	I am fine, thank you
Mittwoch	Wednesday
möchten	want like
Montag	Monday
Morgen	morning
morgen	tomorrow
Motorrad	motor-bike

Deutsch	Englisch
müssen	must
Mütze	hat
nach	after past
nach 12 uhr mittags	PM
Nachmittag	afternoon
nächste	next
nächster	next
nächstes	next
nächsten	next
nächstes Wochenende	next weekend
Nacht	night
Nahrungsmittel	food
Natürlich	of course
nehmen	take
nein	no
neunte	nineth
neunter	nineth
neuntes	nineth
neunzehnte	nineteenth
neunzehnter	nineteenth
neunzehntes	nineteenth
nicht	not
niemand	nobody no one
November	November
Null	o zero

Deutsch	Englisch
Oberste Etage	top floor
öffnen	open
offen	open
Oktober	October
orange	orange
Parkplatz	parking lot parking space
passieren	pass
pnik	pink
Pistole	gun
Platz	square spot
Polizeiwache	police station
Polizei	police
Polizist	policeman
Polizist (umgangssprachlich)	Bobby
Rathaus	town hall
rechts	right
rechts abbiegen	turn right
Regel	rule
Restaurant	restaurant
Richtung	direction
Rolltreppe	escalator
rosa	pink
rot	red
Rucksack	rucksack backpack

Deutsch	Englisch
Sackgasse	dead-end-road
Samstag	Saturday
Schild	sign
Schlafzimmer	bedroom
Schuhgeschäft	shoe shop shoe store
Schule	school
schwarz	black
Schwimmbad	swimming-pool
sechste	sixth
sechster	sixth
sechstes	sixth
sechsundsiebzigste	seventy-sixth
sechsundsiebzigster	seventy-sixth
sechsundsiebzigstes	seventy-sixth
See	lake
sehen	see
September	September
Sicherheit	security
Sicherheitspersonal	securitypersonnel
sie	she
sie (Mehrzahl)	they
Sie (Anrede)	you
siebenundachzigste	eighty-seventh
siebenundachzigster	eighty-seventh
siebenundachzigstes	eighty-seventh
siebte	seventh
siebter	seventh

Deutsch	Englisch
siebtes	seventh
silber	silver
sind	are
Sonntag	Sunday
Souvenirladen	gift shop souvenir shop
spät	late
Spielplatz	playgroung
Spielwarenladen	toy shop tay store
Sprechen Sie englisch?	Do you speak English?
Stadion	stadium
Straße	street avenue road
suchen	search look for
Tabakwarenladen	tobacco shop
Tag	day
Tasche	bag
Taxi	taxi cab
Theater	theatre
Termin	appointment
Terminplan	schedule
T-Kreuzung	t-crossing
Tor	gate

Deutsch	Englisch
Touristeninformation	tourist information
Treppe	stair stairs
tun	do
Tunnel	tunnel
Tür	door
türkis	turqoise
U-Bahn	underground subway
U-Bahn (umgangssprachlich)	tube
U-Bahnstation	underground station subway station tube station
übermorgen	the day after tomorrow
Uhr	clock
Uhr (Bezeichnung in der Uhrzeit bei ganzen Stunden)	o`clock
Und wie geht es Ihnen?	And how are you?
Universität	university
Verabredung	appointment
Verkehr	traffic
Verkehrsampel	traffic lights
verletzt	hurt wounded
Versicherungsbüro	insurance company

Deutsch	Englisch
vielleicht	perhaps maybe
vierte	fourth
vierter	fourth
viertes	fourth
Viertel nach	a quarter past
Viertel vor	a quarter to
vierundfünfzigste	fifty-fourth
vierundfünfzigster	fifty-fourth
vierundfünfzigstes	fifty-fourth
vor	to before
vor 12 Uhr mittags	AM
Vorgesetzter	superior
Wachmann	security guard
Waffe	weapon arm
warten	wait
Warum?	Why?
WC	bathroom restroom
Weg	way
weiß	white
Welchen Tag haben wir?	What day is it?
Welches Datum haben wir?	What date is it?
wer	who

Deutsch	Englisch
Wie geht es Ihnen?	How do you do? How are you?
Wieviel Uhr ist es?	What time is it?
wir	we
wir haben Anweisung	we are ordered to
Wir haben Anweisung, jede Tasche nachzuschauen.	We are ordered to search every bag
Wochenende	weekend
Wohnzimmer	living room
wollen	want
wünschen	want
zehnte	tenth
zehnter	tenth
zehntes	tenth
zeigen	show
Zeit	time
Zeitplan	schedule time table
Zeitschriftenladen	newspaper shop
zu	to closed
Zug	train
zwanzigste	twentieth
zwanzigster	twentieth
zwanzigstes	twentieth
zweite	second
zweiter	second

Deutsch	Englisch
zweites	second
zweiunddreissigste	thirty-second
zweiunddreissigster	thirty-second
zweiunddreissigstes	thirty-second

Vorschau

Genießen Sie auf den folgenden Seiten einen Vorgeschmack auf eine weitere Neuveröffentlichung von Kim Marc Alexander Weßeling, der auch im Bereich der Belletristik bereits einige Bücher veröffentlicht hat.

Kim Marc Alexander Weßeling

Der fliegende Händler –

Aus dem Schatten des Löwen

ISBN: 9783837042399

14,90 €

10. Februar 2974
Hotel „Goldener Löwe"
Baga, Savannah
Kananga Sektor
Serengeti Kombinat

Aus einer schwarzen Schweberlimousine vor dem Hotel, das einer Händlerfamilie aus dem Empire gehörte und deswegen und wegen seines eindeutigen Einrichtungsstils auch überwiegend Reisende aus dem Empire beherbergte, stieg ein uniformierter der SSK aus und betrachtete das Gebäude.

Das Hotel war eindeutig nicht im Stil des Kombinats, wo normalerweise recht eindeutig afrikanische Bauweisen und Verzierungen üblich waren. Stattdessen war es ein rot geklinkerter eckiger Festbau, der nicht die geringste Ähnlichkeit mit den gewohnten Rundbauten hatte, die mit wenigen Ausnahmen das sonstige Bild auf Savannah beherrschten.

Aber gerade deswegen war Oberst Winduku von diesem Gebäude so fasziniert. Er war zwar schon einige Male in dieser Gegend der Stadt gewesen, hatte aber noch nie die Gelegenheit, dieses fremde Gebilde näher zu beobachten.

Außerdem bekam er eigentlich nie die Gelegenheit, den Planeten zu verlassen. Und auch bevor er zum Adjutanten des Gouverneurs aufgestiegen war, hatte er als Angehöriger der SSK nie das Privileg eines Händlers genossen, das eigene Reich zu verlassen und sich die Eigenheiten und Sehenswürdigkeiten der politischen Nachbarn anzusehen.

Der Flug in ein anderes Reich war den Mitgliedern der SSK nicht gestattet. Die einzige Ausnahme bildeten die wenigen Auserwählten, die als Attachees in den Botschaften und manchen Konsulaten des Kombinats dienten. Bei ihnen handelte es sich aber ausschließlich um Mitglieder adliger Familien.

Und da er selbst aus einer einfachen Bauernfamilie stammte, waren seine Karriere und sein Aufstieg zum Oberst in einer halbwegs wichtigen Position schon als Wunder anzusehen, dass es in der SSK nicht allzu häufig gab.

Oberst Winduku zwang sich schließlich, sich von dem Anblick wegzureißen, um nicht von anderen Besuchern oder dem Personal als staunendes Kleinkind vor einem Süssigkeitenladen da zu stehen. Er straffte seine Gestalt, während er darüber nachdachte, wie fremdartig ihm wohl das Innere erscheinen würde, und setzte sich Richtung Eingangstür in Bewegung.

Winduku schritt auf die Eingangstüren zu und passierte sie mit präzisen militärischen Schritten, als ein Portier eine der Türhälften für ihn aufhielt. Dann bewegte er sich direkt zur Rezeption und versuchte die Innenausstattung des Foyers zu ignorieren. Es sah zwar alles recht fremd für ihn aus, aber einerseits war er enttäuscht. Normalerweise hätte der Oberst durch das Äußere des Gebäudes und die Geschichten, die er von Händlern über das Empire hörte, erwartete, im Innern von Luxus nahezu erschlagen zu werden.

Aber das war gar nicht der Fall. Es war zwar alles in einem sehr fremden Stil gehalten, der einem

Europäer oder jemandem aus dem Empire oder der Alliance als recht häuslich und normal erschienen wäre, aber all die Holztäfelungen und gepolsterten Sitzmöbel in der Halle kamen dem Oberst ziemlich dezent vor.

Aber der Oberst hatte einen Auftrag, den er auch zu erfüllen, gedachte und daher ging er direkt zur Rezeption und erkundigte sich nach seinem Gesprächspartner, als ihn die Dame an der Rezeption freundlich anlächelte.

„Ich bin Oberst Winduku. Bitte melden Sie dem Prinzen, dass ich ihn sprechen möchte. Er erwartet mich."

Die Dame hinter der Rezeption behielt ihr Lächeln zwar bei, aber in ihren Augen zeigte sich Verwirrung.

„Den Prinzen? Es tut mir leid, Herr Oberst, aber wir haben keinen Prinzen zu Gast in unserem Haus."

Jetzt war es an Winduku, verwirrt zu sein. Aber er erholte sich rasch.

„Prinz Berger muss hier residieren, das hat er selbst gesagt."

Die Empfangsdame tippte etwas in ihrem Computer ein und blickte dann wieder auf.

„Wir haben einen Kapitän Berger unter unseren Gästen, aber keinen Prinzen."

Jetzt war der Oberst wirklich etwas durcheinander. Da immer noch der Verdacht eines absichtlichen Angriffs auf das Schiff des Prinzen bestand, machte es zwar Sinn, gewisse Sicherheitsvorkehrungen zu treffen, aber so etwas fand er auf einem befreundeten Planeten und dazu noch in einem von eigenen Patrioten geführten Hotel für mehr als übertrieben.

Aber er schüttelte nur den Kopf und schob seine Gedanken beiseite. Sollte der Prinz doch machen, was er für richtig hielt.

„Dann melden Sie mich bitte bei Kapitän Berger an."

* * *

Wenige Minuten später saß der Oberst zusammen mit Kapitän Berger und seinen Offizieren im Wohnzimmer der Suite, die der Kapitän für die Dauer seines Aufenthaltes angemietet hatte. Berger hatte sich für die Suite entschieden, da sie über mehrere Schlafzimmer verfügte und er mehr Zeit mit seinen Offizieren verbringen konnte, um die Situation zu besprechen, während der Rest der Crew, sich um das Schiff und die Reparaturen kümmern konnten. Jetzt warteten alle gespannt, welche Ergebnisse der Untersuchungen ihnen der Oberst der SSK ihnen jetzt mitteilen würde.

In den letzten Tagen hatte Fuldner den Beamten des Gouverneurs die Daten des Gefechts und schließlich auch die Aussagen aller Crewmitglieder übergeben und die Leute des Obersten hatten sich sofort an die Arbeit gemacht und Informationen von allen möglichen Stellen eingeholt.

Und da jetzt der Oberst, der die Untersuchungen geleitet hatte, bei ihnen aufgetaucht war, rechneten alle mit Ergebnissen.

Berger kam auch sofort auf das Thema zu sprechen, ohne sich mit vorherigen Floskeln aufzuhalten.

„Nun, Herr Oberst, was haben ihre Untersuchungen bezüglich des Zwischenfalls ergeben?“

Winduku setzte sich in seinem Sessel gerade hin und antwortete.

„Hoheit, lassen Sie mich bitte zuerst kurz einiges zum Ablauf der Untersuchungen sagen.“

Als Alex Berger nickte fuhr er fort.

„Meine Leute haben Ihre Daten analysiert und die Aussagen Ihrer Crew mit den Sensordaten verglichen. Außerdem habe ich mehrere Anfragen bezüglich von Piratenaktivitäten im Oblivion-System an mein Oberkommando gerichtet.“

Der Adjutant des Gouverneurs räusperte sich kurz.

„Diese Anfragen bestätigten meine Aussagen vom Abend des Balls. Es gab und gibt keine größeren Piratenaktivitäten mehr in diesem Gebiet, seit unsere Flotte die Gegend gesäubert hat. Das gibt uns nur leider nicht die Sicherheit auszuschließen, dass ein einzelner Pirat sich nicht doch noch in dieses Gebiet wagen würde. Andererseits gab es keinen Funkkontakt ihres Schiffes mit den Angreifern, der uns ein Motiv für einen gezielten Angriff liefern würde. Und die Konfiguration des Schiffes war nicht so ungewöhnlich, um daraus auf seine Herkunft schließen zu lassen.“

Jetzt blickte der Oberst etwas betreten nach unten.

„Leider muss ich Ihnen mitteilen, Hoheit, dass wir trotz aller Bemühungen zu keinem eindeutigen Ergebnis kommen konnten. Wir können immer noch keine der beiden Alternativen ausschließen.“

Er machte eine kurze Pause und fuhr dann etwas sicherer fort.

„Das Einzige, was uns ansonsten noch verblüfft hat, war das Auftauchen der *Khalid* so kurz nach Ihnen, obwohl sie ebenfalls von der *Desiderios* kamen. Eigentlich liegen ja längere Pausen zwischen den Abflugzeiten von Schiffen in dieselbe Richtung, aber das scheint nach unsere Untersuchung auch nur ein Zufall zu sein.“

„Zum Glück“, warf Serena Mastersen in den Raum.

„Sonst wären wir nur noch Raumschrott.“

Die anderen Mitglieder der Crew stimmten ihr lauthals zu.

Als es wieder etwas ruhiger war, ergriff Berger wieder das Wort, wenn auch etwas niedergeschlagen Angesichts der Nachrichten.

„Auch wenn die Untersuchung nichts ergeben hat, danken wir Ihnen trotzdem, Herr Oberst. Sie haben alles Ihnen mögliche getan. Wir müssen jetzt halt die Augen etwas weiter offen halten, aber wir machen dann wohl weiter wie bisher.“

Er holte einmal kurz tief Luft und lächelte den Offizier vor ihm dann an.

„Bitte richten Sie auch dem Gouverneur unseren Dank für seine Mühen aus. Ich würde es selbst tun, aber unser Schiff ist fast flugbereit und wir starten morgen früh.“

* * *

Am nächsten Morgen waren alle wieder an Bord der *Errant Vender*. Alex hatte zwar, wie seine Offiziere, nicht allzu viel Schlaf bekommen, da sie nach dem Abschied des Obersten noch viel über die Situation diskutiert hatten, aber er war froh, endlich wieder an Bord seines Schiffes zu sein und ins All aufzubrechen.

Durch das Brückenfenster konnte er das rege Treiben auf der Landfläche rund um alle Schiffe beobachten. Die letzten Ladefahrzeuge, die die Fracht für ihr nächstes Ziel, den Planeten Corvis Minor in der Serpentia Vereinigung, brachten, waren bereits auf dem Weg zum Frachthangar seines Schiffes. Die Arbeiten würden innerhalb kürzester Zeit abgeschlossen sein.

Der *Errant Vender* waren die Schäden der vergangenen Schlacht nicht einmal mehr anzusehen. Die Techs des Reparaturdocks hatten ganze Arbeit geleistet, was aber wahrscheinlich auch der Tatsache zu verdanken war, das Ingenieur Martinez und seine BordTechs die Arbeiter des Docks keine fünf Minuten in Ruhe gelassen hatten.

Jede noch so kleine Verzögerung oder Schlamperei war augenblicklich mit einer der üblichen Schimpfkanonaden Martinez´ bedacht worden. Am Ende waren die Reparaturen dadurch sogar um einen ganzen Tag verkürzt worden, obwohl ganze Bordsysteme und riesige Sektionen der Hüllen-Panzerung ausgetauscht werden mussten. Die längste Zeit hatten aber die abschließenden Arbeiten an den Triebwerken beansprucht. Der

Hyperantrieb war zwar im Oblivion-System notdürftig repariert worden, aber die Gefechtsschäden waren so stark gewesen, dass es höchstens noch ein oder zwei weitere Sprünge überstanden hätte.

Daher musste der gesamte Antrieb ausgetauscht werden.

Als Berger vor wenigen Tagen diese Hiobsbotschaft erhalten hatte, war er zum ersten Mal seit langem wieder froh über seine Herkunft und den damit vorhandenen finanziellen Rückhalt, den er besaß. Für manch anderen Handelschiffkapitän hätten die benötigten finanziellen Mittel, die zur Reparatur sämtlicher Schäden an der *Vender* nötig waren, in den Ruin getrieben und zur Aufgabe gezwungen.

Berger hingegen war in der Lage, die Kosten ohne größere Schwierigkeiten zu tragen, auch ohne seiner Crew Gehaltseinbußen zumuten zu müssen. Aber gerade diese Tatsache wäre wieder ein gefundenes Fressen für seine Kritiker unter den Händlern des Reiches gewesen. Bei einigen von ihnen herrschte ein erhebliches Unverständnis darüber, dass ein Adliger, der es nicht nötig hatte und jeden Posten beim Militär oder der Verwaltung beanspruchen konnte, sich in ihre Geschäfte einmischte.

Einerseits warfen sie ihm vor, ihnen mit dem hervorheben seines Status´ die Kunden wegzunehmen und andererseits mache er sich einfach über sie lustig, weil er denke, er könne ohne ihre jahrelange Erfahrung in dem Geschäft mithalten.

Es entsprach zwar der Tatsache, dass die meisten der anderen Handelsschiffkapitäne sich mühsam durch die Ränge zu ihrem Posten hochgearbeitet hatte und damit über erhebliche Erfahrungen verfügten, aber Alex war bis zur Geburt seines Cousins ein Leben lang auf den Thron eines der mächtigsten Reiche vorbereitet worden.

Diese Ausbildung gab ihm auch ein großes Geschick im Umgang mit Handelspartnern. Denn das war eigentlich doch leichter, als sich mit hunderten von Adligen und Bürokraten herumzuschlagen, die nur auf ihren eigenen Vorteil bedacht waren, wie es ihm einmal zugedacht war.

Außerdem hatte er jetzt die Freiheit, sich eine Beschäftigung zu suchen, die ihm Spaß machte. In einem Punkt hatten seine Kritiker Recht, er brauchte sein Geld nicht auf diese Art zu verdienen, aber so hatte er eine Beschäftigung, die er für sich persönlich als sinnvoll ansah. Und ein Leben als Handelschiffkapitän war genau das, vor allem, da er in dieser Rolle nicht auf die zuvorkommende Haltung seiner Gegenüber durch seine glückliche Geburt als Berger hoffen konnte.

Er war damit größtenteils dem höfischen Leben entflohen, das ihm noch nie wirklich angenehm war. Daher war Alex seiner Crew auch mehr als dankbar, dass sie ihn „nur“ als Kapitän betrachteten und ihn entsprechend behandelten.

Während er jetzt so als Kapitän an seinem Platz saß und die letzten Arbeiten beobachtete, wurden seine Gedankengänge vom Ersten Offizier unterbrochen.

„Kapitän, der Laderaum meldet, dass die Arbeiten noch eine gute halbe Stunde in Anspruch nehmen werden."

Mit einem Grinsen, das eigentlich eher unüblich war, fuhr er fort.

„Die Startvorbereitungen auf der Brücke sind abgeschlossen. Darf ich daher vorschlagen, dass wir uns die Zeit nehmen, die neuesten Nachrichten anzusehen, um auf dem Laufenden zu sein, es ist gerade die Zeit für UnCom."

Jetzt musste auch Berger grinsen. Fuldner war eigentlich sonst kein Freund dieser Nachrichten gewesen, da sie nicht von den offiziellen Kanälen des Empire stammten, aber anscheinend hatte er mittlerweile auch einen gewissen Hang zu UnCom entwickelt.

Berger hatte noch nicht einmal wirklich genickt, da hatte Ferraud auch schon den Sensorschirm aktiviert und die korrekte Frequenz eingestellt. Denn sofort erschien das UnCom Zeichen und kurz darauf das altbekannte Gesicht Tamara Ivanovas.

Die immer adrette und sehr korrekte Sprecherin der UnCom-Nachrichten sah heute allerdings etwas nervöser und nicht ganz so professionell aus wie sonst. Sie sortierte ziemlich nervös ihre Transplex-Unterlagen, bevor sie dann zu sprechen begann.

Guten Tag meine Damen und Herren. Unser heutiges Programm muss aufgrund aktueller Nachrichten umgestellt werden. Da wir im Anschluss an die Nachrichten eine Sondersendung zu aktuellen Ereignissen bringen werden, entfallen die angekündigten Magazine.

Sie räusperte sich kurz und fuhr augenblicklich fort, noch bevor, wie sonst üblich, Bilder zu den Nachrichten im Hintergrund zu sehen waren.

Kommen wir gleich zu den Geschehnissen, die die Umstellung unseres Programms verursacht haben.

In den Territorien der Oceania-Republik, genauer gesagt in der Stadt Perth und einigen anderen Teilen des australischen Festlands ist es heute zu Ausschreitungen gekommen.

Bei diesen Worten erschienen auch endlich Nachrichtenbilder im Hintergrund der Sendung. Die Brückenbesatzung der *Errant Vender* hielt bei dem, was zu sehen war, augenblicklich den Atem an.

Auf dem Sensorschirm der Brücke konnten alle jetzt Szenen einer Straßenschlacht betrachten, die sich in Perth abspielten. Einfache Bürger bewarfen die ihnen gegenüberstehenden Polizeikräfte der Republik mit Steinen und allem, was ihnen sonst so gerade in die Finger kam.

Die Ordnungskräfte hingegen gingen mit Gummiknüppeln und Wasserwerfern auf die aufgepeitschte Meute los.

Heute Morgen um Acht Uhr hatte all das mit Demonstrationen in mehreren Landesteilen begonnen.

Ivanova musste sich anscheinend zwingen, ihre Stimme emotionslos zu halten.

Die Demonstrationen richteten sich gegen das allgemeine Waffenverbot auf der Erde. Sie warfen der Regierung der Republik vor, sich von den anderen Reichen mit der Beteuerung, niemand dürfe Waffen auf die Erde bringen, einlullen zu lassen und ihre Bürger einem möglichen Aggressor schutzlos auszuliefern. Die Regierung erwiderte daraufhin, dass es sich nunmehr seit Jahrhunderten bewährt hatte, die

Erde zur Waffenfreien Zone zu erklären, und alle Reiche hätten sich daran gehalten.

Selbst die Polizeikräfte aller Reiche tragen auf der Erde keine Schusswaffen.

Ivanova reckte sich.

Was für den heutigen Tag, wie ich anmerken möchte, ein Glücksfall ist. Daher ist noch niemand ernsthaft verletzt worden.

Aber zurück. Die Demonstranten nahmen die Worte der Regierung nicht hin und begannen an mehreren Schauplätzen, die Demonstrationen zu chaotischen Straßenzügen ausarten zu lassen, die schließlich in Straßenschlachten endeten.

In Perth waren die Demonstranten bis zum Amtssitz des Gouverneurs der Oceania-Territorien der Erde marschiert und hatten sogar versucht, den Amtssitz zu stürmen.

Seitdem hat es sich an allen Schauplätzen zu heftigen Kämpfen zwischen den Demonstranten und den Ordnungskräften entwickelt, die mittlerweile sogar Wasserwerfer einsetzen, um die Massen auseinander zu bringen und die Anführer festzunehmen.

Die Bilder hinter Tamara wechselten mittlerweile durch verschieden australische Städte, die aber insgesamt alle die gleichen Bilder zeigten.

Die lokalen Regierungen der Republik haben verlautbaren lassen, dass sie allerdings damit rechnen, die Ordnung in Kürze wieder hergestellt zu haben.

Weitere Einzelheiten und Updates sehen sie in unsere Sondersendung im Anschluss an die weiteren Nachrichten.

Bei diesen Worten lehnte sich Berger zu Fuldner herüber.

„Wir sollten die UnCom-Nachrichten auf jeden Fall jetzt regelmäßig im Auge behalten. Sie wissen ja, dass wir von Corvis Minor zur Erde fliegen. Da möchte ich lieber wissen, ob uns noch mehr Überraschungen dieser Art erwarten."

Der Erste Offizier nickte.

„Werden wir, Kapitän, aber das ist Australien und wir fliegen nach Baku in die Freihandelszone, das ist ja ziemlich weit weg davon."

Vorschau

Genießen Sie auf den folgenden Seiten einen Vorgeschmack auf eine weitere Neuveröffentlichung von Kim Marc Alexander Weßeling, der auch im Bereich der Belletristik bereits einige Bücher veröffentlicht hat.

Kim Marc Alexander Weßeling

Der Drachenorden –

Das Nekron-Imperium

ISBN: 9783837041736

15,00 €

An Bord des neuen Schlachtschiffes der Behemoth-Klasse steht die Fähre von Admiral Orrik im Hangar.

Der Admiral steigt gerade, von einigen Offizieren begleitet, aus. Er wird erwartet von Captain Gaines, dem Kommandanten des neuen Behemoth-Klasse-Schlachtschiffes, der *Vendetta*.

Er salutiert vor dem Admiral, als dieser die Rampe herunter geschritten ist.

„Es ist alles zum Abflug bereit, Sir."

„Sehr gut", antwortet der Admiral.

„Lassen Sie sofort die Maschinen starten und nehmen Sie Kurs auf Guurdine, aber mit Höchstgeschwindigkeit. Der Imperator erwartet uns."

Der Admiral und Captain Gaines fahren, begleitet von den Offizieren, mit dem Röhrentransport zur Brücke im Bug des riesigen Schiffes.

Die Brücke besteht aus einem Laufsteg mit einem Graben auf jeder Seite, in denen Navigatoren, Steuermänner, Sensorcontroller und andere Funktioner des Schiffes sitzen.

An beiden Außenseiten befinden sich dann wieder Laufstege, die sich mit einer Plattform am Ende des großen Laufsteges vor dem riesigen Brückenfenster des Schlachtschiffes verbinden.

Admiral Orrik ignoriert den Admiralssessel und geht zum Brückenfenster um hinauszusehen. Er betrachtet die große Flotte von Schlacht- und Begleitschiffen um ihn herum. Captain Gaines tritt zu ihm.

„Sir, wir haben gerade Meldungen über unsere Übernahmeaktionen hereinbekommen. Alle Einheiten, die überhaupt eine realistische Chance hatten, haben ihre Ziele erreicht, bis auf Colonel Kale. Er soll das vierte Geschwader übernehmen und wird es in wenigen Minuten erreichen. Die anderen waren bereits erfolgreich und haben ihre Kommandos übernommen. Nur Commander Barnes´ Angriff ist fehlgeschlagen. Er wurde vom vorherigen Kommandeur unserer Station auf Calamar gestellt und getötet. Kein Mitglied des Kommandotrupps hat überlebt. Calamar ist also immer noch fest in der Hand der Verräter."

Der Captain überprüft kurz noch einmal seinen kleinen Handcomputer.

„Wie gerade gemeldet wird, hat der Putsch bereits begonnen, einige Stunden zu früh. Ein Großteil der Offiziere hat sich wie erwartet zu Lord Cyclon bekannt und den Berater für abgesetzt erklärt. Ich hoffe, dass Colonel Kale noch erfolgreich sein kann. Selbst mit dem vierten Geschwader auf unsere Seite ist Lord Cyclons Flotte mehr als fünfmal so stark wie unsere. Sir, aufgrund der Nachrichten sollte ich jetzt umgehend den Startbefehl geben."

Der Admiral nickt und der Captain geht zu einem Steuermann.

Er nimmt einen tragbaren Kommunikator und gibt über Interkom durch:

„Achtung, hier spricht Captain Gaines. Alles bereitmachen zum Sprung in den Hyperraum. Wir fliegen nach Guurdine, um den Imperator zu retten."

Er legt den Kommunikator zurück und geht wieder zum Admiral. Sie warten die Bestätigung des

Befehls durch die anderen Schiffe ab, dann schießt die gesamte Flotte in den Hyperraum.

In der Nähe des Planeten Tamati schwebt das vierte Geschwader der imperialen Flotte.

Eine einzelne Fähre springt aus dem Hyperraum heran und nimmt Kurs auf das Kommandoschiff des Geschwaders. Sie schwebt in den Hangar und stoppt die Maschinen.

Colonel Kale steigt, von zwanzig Kommandosoldaten, einigen Offiziere und einem Ordnungsmagier begleitet aus der Fähre. Sie machen sich auf den Weg zur Brücke.

Auf halbem Wege zur Röhrenbahn stoßen sie auf einige Soldaten der Wachmannschaft, die plötzlich das Feuer eröffnen.

Unter dem Verlust von einem Soldaten, gehen die Eindringlinge des Imperators in Deckung. Colonel Kale bespricht sich mit Captain Broone, seinem Stellvertreter.

„Verdammt, Colonel Canberra muss sich eine Leibwache zugelegt haben, die nur auf seine Befehle hört. Gewöhnliche Truppen würden nie ohne Grund auf einen imperialen Colonel schießen. Wir werden uns den Weg zur Brücke wohl freischießen müssen. Das hätte nie passieren dürfen. Captain, Sie stürmen mit der Hälfte unseres Trupps diese Bahn. Ich nehme den Rest und versuche es bei der Backbord-Röhrenbahn."

Der Captain salutiert.

„Aye, aye, Sir. Und viel Glück. Ich hoffe, wir sehen uns auf der Brücke."

Er ruft zehn Soldaten zu sich, dann laufen sie feuernd auf die Bahn zu, während der Feind weiter auf sie schießt.

Der Colonel nutzt die Ablenkung und macht sich mit dem Rest des Trupps kampfbereit auf den Weg zur anderen Bahn.

Dem Captain stellen sich plötzlich ein halbes Dutzend Soldaten in den Weg, die aus allen Rohren feuern. Zwei Männer seines Trupps fallen sofort.

Die loyalen Soldaten werfen sich hinter Wandverstrebungen in Deckung.

Der Captain gibt mit Handzeichen Anweisungen und befiehlt seinen Leuten, sich aufzuteilen. Dann stürmen sie in zwei Gruppen wieder vorwärts, mit allen Waffen feuernd, und überrennen die feindlichen Soldaten, die sich ebenfalls verschanzt hatten.

Die Feinde werden alle getötet. Die Truppen des Imperators haben bei diesem Sturmangriff nur ein Opfer zu beklagen, Captain Broone.

Corporal Gambier übernimmt das Kommando über die Truppe. Ungehindert gelangen sie bis zur Transportröhre und steigen ein.

Der Corporal wählt die Brücke an, und sofort setzt sich die Bahn in Bewegung.

Der Colonel hat mittlerweile den halben Weg über das Deck zurückgelegt, als er und seine Leute auf ein unerfreuliches Hindernis stoßen.

Etwa einhundert Meter vor ihnen steht Colonel Canberra mit mindestens zwanzig Soldaten und gibt Befehle. Die Truppen sollen mit Colonel Canberra in einer Fähre das Schiff verlassen, aber sicherlich nicht um zu kapitulieren.

Colonel Kale muss Handeln.

„Wir müssen uns aufteilen und die Verräter in die Zange nehmen. Sie sind zwar in der Überzahl, aber das hat uns doch noch nie gestört. Major Average, Sie übernehmen die linke Seite, ich die rechte. Also los."

Die beiden Trupps schieben sich zwischen Containern um die Feinde herum.

Sobald sie die feindlichen Soldaten eingekreist haben, eröffnet der Colonel sofort das Feuer. Aber nur einer der Feinde wird sofort getroffen, die anderen gehen in Deckung.

Und sie haben eine bessere Deckung als die angreifenden Soldaten des Imperators, die einige Verluste hinnehmen müssen, obwohl sie schon in der Unterzahl sind.

Aber plötzlich stürmen aus heiterem Himmel weitere Soldaten heran. Und sie eröffnen das Feuer nicht auf Colonel Kale und seine Männer, sondern auf Colonel Canberras Truppen.

Es sind einige Soldaten des Kommandotrupps unter der Führung von Corporal Gambier, unterstützt durch loyale Sicherheitstruppen der Schiffsbesatzung. Colonel Canberra und seine Männer können sich nicht lange gegen so viele Feinde behaupten und versuchen, zur wartenden Fähre durchzubrechen.

Aber sie kommen nicht allzu weit. Ein Fächer aus Laserstrahlen überzieht das gesamte Deck. Außerdem hatte der Ordnungsmagier, der Colonel Kale begleitete, all seine Kräfte dafür eingesetzt, eine magische Barriere zwischen Colonel Canberra und der Fähre aufzubauen.

Bald sind alle Soldaten der Leibwache des verräterischen Colonels niedergestreckt. Colonel Kale und seine Männer kommen aus ihrer Deckung. Corporal Gambier geht auf seinen Vorgesetzten zu.

„Ich bin froh, dass wir rechtzeitig hier eingetroffen sind, Sir. Captain Broone hat es leider nicht geschafft. Aber wir haben mittlerweile die Brücke eingenommen. Nachdem Canberra verschwunden war, sind wir nicht auf viel Widerstand gestoßen. Schlimm genug, dass er mit einem Übernahmeversuch gerechnet hat und sich eine eigene Leibwache besorgte.
Wir haben übrigens gerade eine Meldung von Admiral Orrik erhalten. Wir sollen uns sofort auf den Weg nach Guurdine machen. Unsere Flotte benötigt dort jedes verfügbare Schiff. Lord Cyclons Flotte ist fünfmal so groß wie unsere, aber wir müssen den Imperator dort herausholen. Er wird von einigen Rebellen unterstützt und hofft, noch so lange durchzuhalten, bis wir und Admiral Orriks Streitkräfte dort eintreffen."

Colonel Kale blickt erstaunt.

„Rebellen helfen dem Imperator? Also bald verstehe ich gar nichts mehr. Aber was soll´s. Lassen Sie das Geschwader sofort mit Höchstgeschwindigkeit Richtung Guurdine starten.

Ich werde die Offiziere auf ihre Posten einteilen und mich um die Verhaftung der restlichen Verräter kümmern. Senden Sie eine Erfolgsmeldung an Admiral Orrik und lassen Sie die Gefallenen hier bergen. Außerdem, gut gemacht, **Lieutenant**."

Gambier schaut seinen Colonel ob der plötzlichen Feldbeförderung groß an. Doch dann wird seine Überraschung schnell zu Freude.

„Aye, aye, Sir."

Lieutenant Gambier salutiert und verlässt das Schlachtfeld im Hangar.

Colonel Kale geht mit seinen Kommandosoldaten, die alle Offiziere waren, weswegen er sie seinem Trupp zugeteilt hatte und dem Captain die Mannschaftsdienstgrade mitgegeben hatte, zur Brücke.

Der Drachenorden –

Das Nekron-Imperium

Im Buchhandel und in Onlinebuchshops erhältlich